Die wilden Fünfziger

Bilder und Geschichten aus
einer aufregenden Zeit

Die wilden Fünfziger

Hajo Bücken · Dieter Rex

Bilder und Geschichten aus
einer aufregenden Zeit

EDITION XXL

Die wilden Fünfziger

Nylons und Petticoat, Limousinen und Isettas, Staubsauger und Fernsehen, Hula-Hoop und Halbstarke, Bündnis im Westen und Aufstand im Osten – die Fünfziger hatten es in sich.

Das Jahrzehnt begann vor dem Hintergrund der wichtigsten aller Tatsachen: *Der Krieg war vorbei.* Die Menschen in Ost und West schöpften neuen Lebensmut. Im ausgehungerten Nachkriegsdeutschland bewegte sich etwas. Ludwig Erhards Programm „Wohlstand für alle" verwirklichte sich in einem unerwarteten Ausmaß. Allerorten wurde gearbeitet, geplant, gebaut, entwickelt, produziert – und gekauft. Millionen neue Arbeitsplätze waren geschaffen worden, Millionen neue Wohnungen gebaut. Es boomte dermaßen, dass bereits Mitte des Jahrzehnts die ersten (italienischen) Gastarbeiter angeworben werden mussten, um all die angeschobenen Projekte vollenden zu können. *Es ging uns gut.*

Die Wohnungen füllten sich mit modernen Möbeln, funktionierenden Haushaltsgeräten, Fernsehern und Radios, all den kleinen Helfern, die das Leben lebenswerter machten.

Die Überreste zerstörerischer Zeiten wurden weggeräumt, die Menschen bevölkerten wieder die aufgeräumten Straßen. Mancherorts war noch Schlange stehen angesagt, jedoch zog ein Hauch von Leichtigkeit in den Alltag ein. Die Menschen amüsierten sich wieder, gönnten sich etwas, legten mehr Wert auf Aussehen und Kleidung, die Wunden des Krieges begannen langsam zu heilen.

Besonders die Frauen fingen an aufzuleben. Bei all den gefallenen und gefangenen Männern hatten sie in der „vaterlosen Gesellschaft" fast allein für die Familie zu sorgen. Doch mit dem wirtschaftlichen Neubeginn übernahmen immer mehr heimkehrende Männer die Arbeitsplätze, die Doppelbelastung der Frauen reduzierte sich auf ein erträgliches Maß.

Modeschauen und Misswahlen zeugten von neuem Lebensgefühl, neue Stoffe und Kunstfasern sorgten für lockere, luftige Kleidung, tagsüber traf man sich in Milchbars, abends in Restaurants und nachts in den einschlägigen Bars. Vorausgesetzt, das nötige Kleingeld war vorhanden.

Unterhaltung und Zerstreuung waren gefragt. Da durften die Stars und Sternchen der Filmbranche genauso wenig fehlen wie die Interpreten von Theater, Musik und Kabarett. Der „kleine Mann" ging seiner Beschäftigung nach und gönnte sich hin und wieder sein Vergnügen, die Jugend begann sich gegen kleinbürgerlichen Mief aufzulehnen und gab sich schon mal halbstark.

Auch der Sport wurde zu einem der Mittelpunkte des Lebens, schließlich durften wir wieder im Chor der Großen mitmischen – wobei dem Westen mit dem Gewinn der Fußballweltmeisterschaft 1954 ein überraschender Coup gelang.

Und es wurde wieder gebaut: Neue Straßen, Schienen und Brücken entstanden, neue Häuser und Gebäude reckten sich immer mehr gen Himmel. Architekten wagten futuristische Entwürfe, Ingenieure und Designer versuchten sich an neuen Trends bei Geräten und Fahrzeugen. Um all die schönen, neuen Produkte unter das Volk zu bringen, feierte die Reklame fröhliche Urständ: Plakate, wandelnde Litfaßsäulen und die ersten Neonlichter zogen die Blicke auf sich.

Doch in dieses positive Aufbruchsgefühl mischten sich auch trübe Aspekte, verursacht durch die Politik. Das geteilte Deutschland driftete immer mehr auseinander, die Bundesrepublik fand ihre Partner

im Westen, während die DDR Teil des Ostblocks wurde. Der Aufstand der Werktätigen 1953 in Ostberlin wurde von russischen Panzern gestoppt – und der Bau der Mauer stand kurz bevor.

Die wilden Fünfziger, die Zeit des Aufbruchs, werden hier in Bildern dokumentiert, die wir mithilfe des unermüdlichen Einsatzes der Mitarbeiterinnen des Deutschen Historischen Museums in Berlin auswählen konnten. Dafür danken wir ihnen.

Hajo Bücken und Dieter Rex

Weg mit den Trümmern, Wohnungen her!

Geprägt von dem Willen, den Krieg hinter sich zu lassen, stehen die Fünfziger unter dem Motto *Wiederaufbau*. Überall wird geräumt, ausgebessert, neu gebaut, eingerichtet. Über Geschmack lässt sich nicht streiten, und schon gar nicht darüber, dass wir wieder ein Dach über dem Kopf brauchen – und zwar ein gemütliches. Doch schon bald werden neue Zeiten eingeläutet. Nicht lange nach dem Beschaffen des Notwendigsten schlägt die Stunde der *Designer* – und zwar in West wie Ost.

Deutschlands Städte erstrahlen in neuem Glanz –
wenn auch nicht immer so pompös wie hier bei den
Lichtwochen in Essen. Nach den vielen Jahren der
Verdunkelung leistet man sich ganz ungeniert den
Luxus verschwenderischer Illumination.

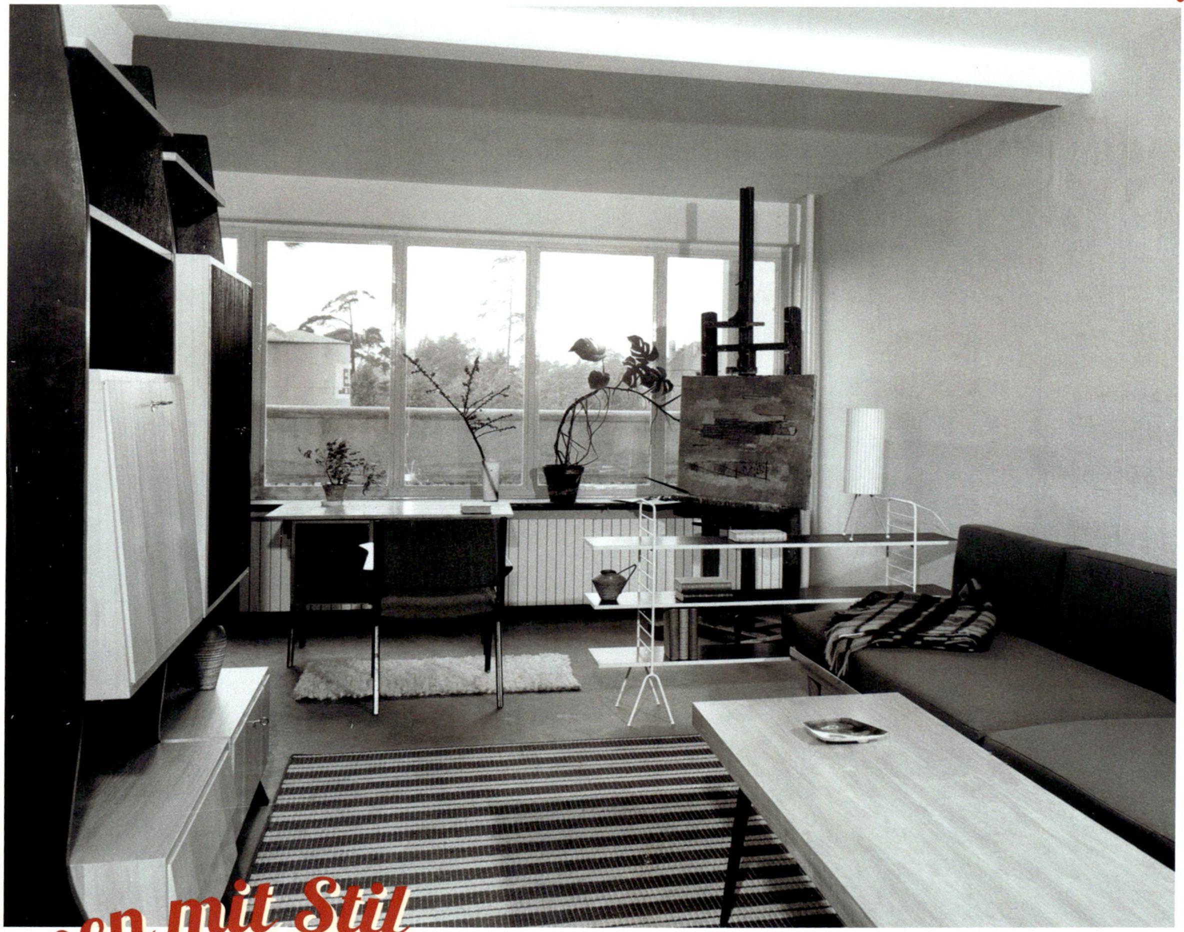

Wohnen mit Stil

Von schlichtem Charme: die **Wohnungseinrichtungen** der 50er. Zeugt die Wohnung Max Reimanns in Düsseldorf (unten) noch von der Sparsamkeit der vergangenen Kriegsjahre, zeigt das „Herrenzimmer" (linke Seite, unten) den Standard der Nachkriegszeit. Schrank, Tisch, Sofa und zwei Sessel auf Teppichen, das muss reichen. Glücklich die Menschen, die sich jetzt bereits eine gediegene Einrichtung leisten können. Einen großen Sprung nach vorne macht die Möbelkultur der späten 50er. Praktische Wohnungseinrichtung wird bereits mit einem Arbeitsplatz kombiniert, wie es in dieser Musterwohnung (oben) bei der Internationalen Bauausstellung 1957 in Berlin zu bestaunen ist. Auch die Hersteller im Osten beschreiten neue Wege, wie in Fachpublikationen zu sehen ist. Diese längs und quer gestreiften Sesselbezüge (linke Seite, oben) geben mit den Worten der Zeitschrift „Die Innenarchitektur" aus dem Jahre 1956 „jedem Raum Frische und Lebendigkeit".

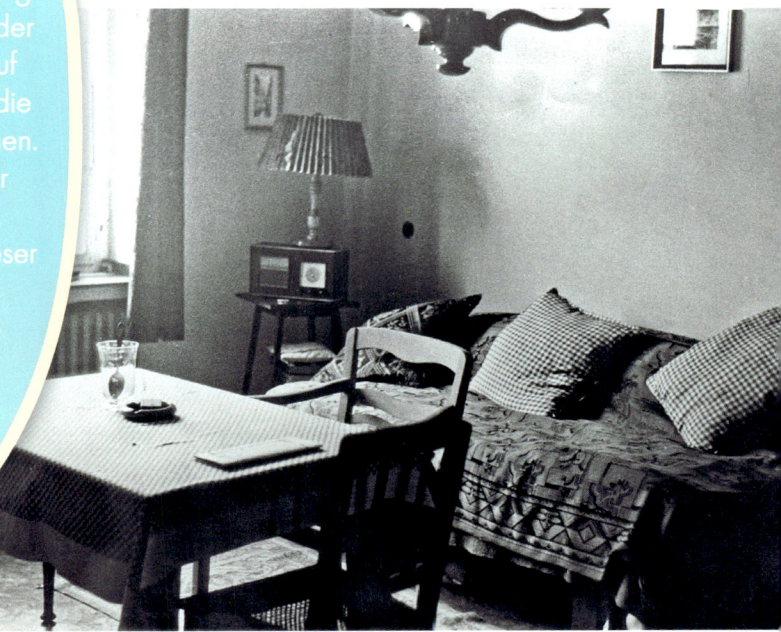

Schöner wohnen froher leben

Ausstellung fertiger Wohnungen des sozialen Wohnbauprogramms

Ausstellungshalle Eppendorf, Robert-Koch-Straße, ab 16. April täglich 10–18 Uhr, auch sonntags
Straßenbahnlinien 14 und 18, Haltestellen Eppendorfer Baum, Friedenseiche, Hochbahn Kellinghusenstraße

Trautes Heim, *Glück* allein ...

… dem steht der Sinn nach der praktisch eingerichteten, *eigenen Wohnung*. Das weiß auch die Politik – und beschließt das soziale Wohnungsbauprogramm (Plakat linke Seite, oben links).

Aufgeräumt müssen die eigenen vier Wände sein, gemütlich, sauber. Da wird der *Staubsauger* (links) zum wichtigen Hilfsmittel. Vertreter klingeln an den Wohnungstüren und bieten die Geräte an. Auch die *Küche* hat zu glänzen, was anscheinend nicht mehr unbedingt nur Sache der Hausfrau ist (unten).

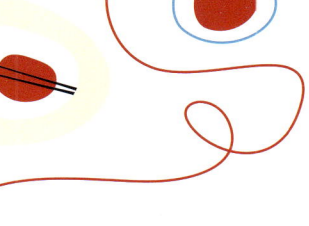

Im Sommer wird auf dem Balkon ein „zweites Wohnzimmer" eingerichtet (linke Seite, unten).

Der Fernseher tritt seinen unaufhaltsamen Siegeszug an.

Unterhaltung ist angesagt. Bei der Rundfunk- und Fernsehausstellung 1953 in Düsseldorf wird die moderne Kombination als Schrankmöbel angeboten (oben). Da darf der *Schlaf-Fernsehsessel*, der sich auf der Möbelmesse 1952 in Köln größter Beliebtheit erfreut, nicht fehlen (rechte Seite, oben).

Ende des Jahrzehnts schlägt dann die Stunde der Designer. Wer etwas auf sich hält – und über das nötige Kleingeld verfügt –, gönnt sich einen Besuch in der Zukunft.

Der Stuhl des Designers Verner Panton ist ganz aus dem neuen *Wundermaterial Kunststoff* geformt (links). Und nach getaner Arbeit legt sich manche junge Dame gerne im neuesten baumwollenen Badeanzug auf die Rollliege made in Frankfurt/Oder (linke Seite, unten).

Das *Wirtschaftswunder* ist nicht mehr aufzuhalten.

Die Küche füllt sich langsam, aber sicher mit modernen Haushaltsgeräten. Kühlschrank und multifunktionale Küchenmaschine (linke Seite, oben) dürfen nicht fehlen und sogar die Kleinsten beteiligen sich (linke Seite, unten). Einfache Schüsseln kommen im modernen Haushalt nicht mehr gerne auf den Tisch, man ist schließlich wieder wer und zeigt das auch. Es darf also ruhig eine durchgestylte *Servierschale* sein (linke Seite, Mitte). Und wer sich den *Luxus* einer eigenen Waschmaschine noch nicht leisten kann, der setzt sich im Waschsalon vor einen Vollautomaten und vertreibt sich die Zeit mit spannender Lektüre (unten).

Der **Markt** ist im *Aufschwung* – auch bei Obst und *Küchengeräten*.

Die *Marktstände* sind jetzt – zumindest in Westdeutschland – endlich wieder prallvoll (unten und rechte Seite, unten), auch mit frischem Obst und Gemüse zu bezahlbaren Preisen, wobei *Exoten* aus fremden Ländern ebenfalls nicht fehlen.

Küchengeräte wie der „Starmix Combi" treten ihren Siegeszug durch die deutschen Küchen an (rechte Seite, oben rechts) und erleichtern die Zubereitung der auf dem Markt erstandenen Köstlichkeiten.

Ausstellungen wie „Das Reich der Frauen" 1958 in Westberlin sind gut besucht, man ist ja schließlich in Sachen Kostproben unterwegs und bekommt so ganz nebenbei ein paar Tipps für die abwechslungsreiche Küche (rechte Seite, oben links).

PAUL GNAS

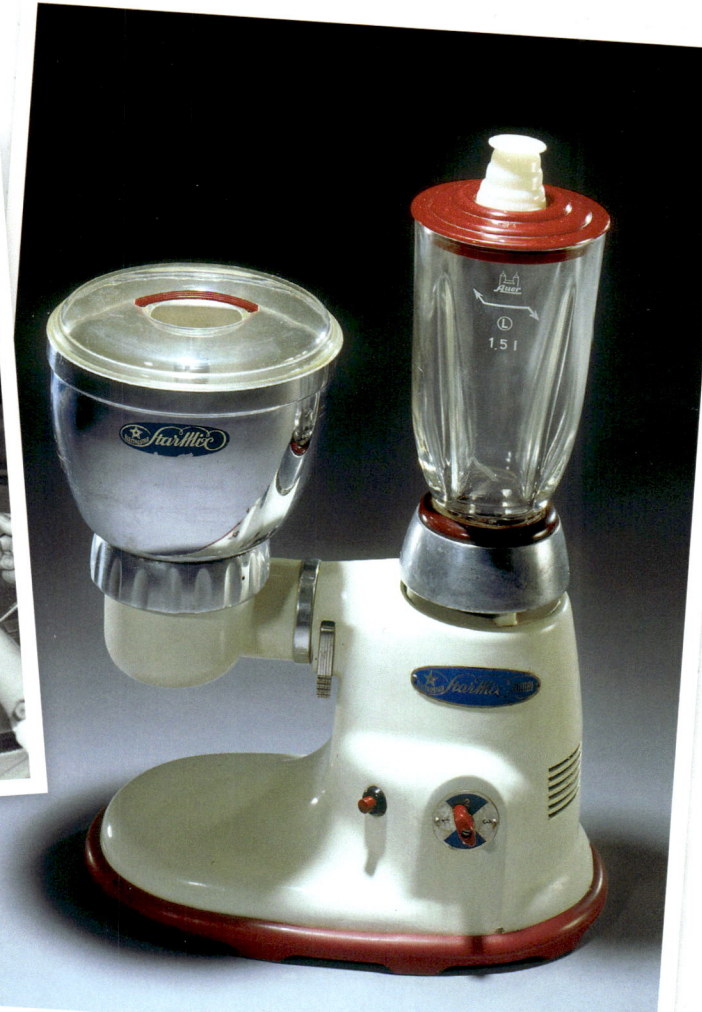

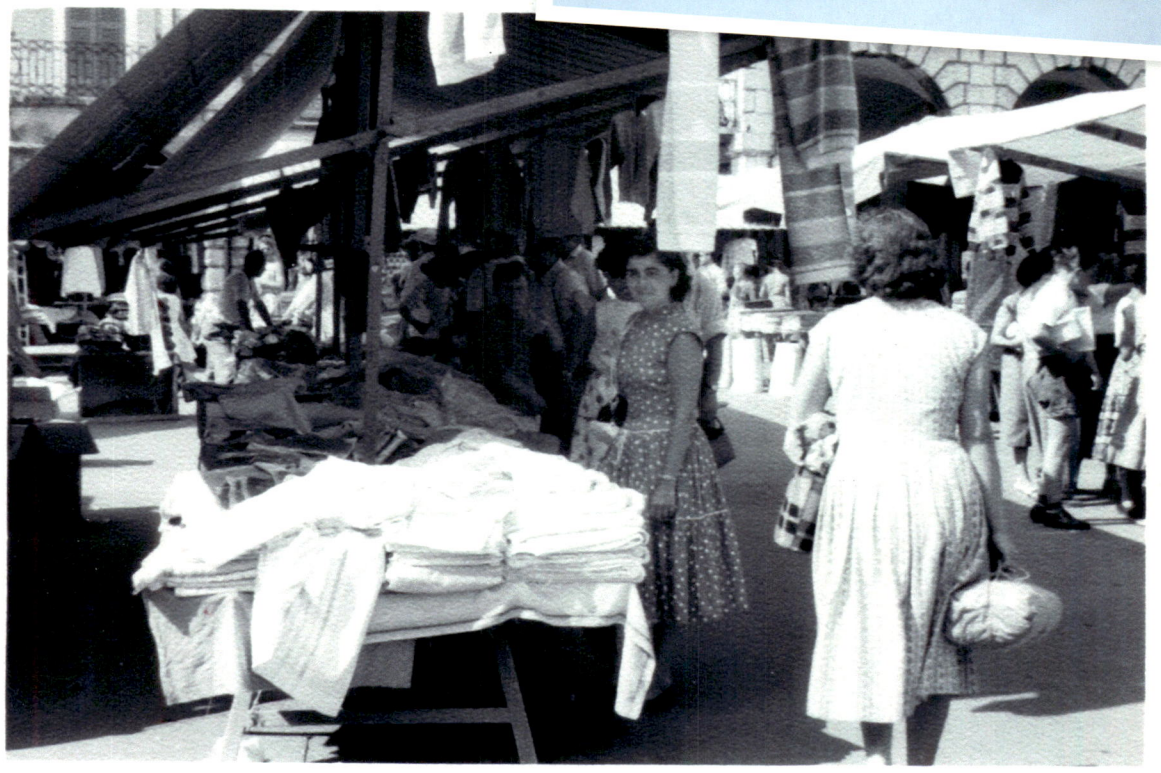

Die **Moderne** macht auch vor der **Architektur** nicht halt.

Nierentisch-Design allerorten: Sogar bei Treppenhäusern zeigen sich die Zeichen der Zeit. So gleicht der Treppenaufgang (linke Seite) im neuen Hochhaus der Allianz-Versicherung am Kurfürstendamm in Westberlin eher einer abstrakten *Skulptur* als einem profanen Stieg.

In West wie Ost ist der Schutt aus dem Weg geräumt und es wird wieder aufgebaut, wie hier auf der Grunaer Straße in Dresden (ganz unten). Klar, dass beim umfassenden wirtschaftlichen Aufstieg auch Platz für Geschäftsreisende, Gäste und die ersten Touristen geschaffen werden muss. So wird 1958 das *Berlin Hilton* eröffnet, sicher nicht gerade ein Beispiel für gelungene Gestaltung städtebaulicher Fassaden (unten).

Das Leben hat uns wieder...

... es weht ein Hauch von Luxus.

Die Menschen stehen Schlange, ein bekanntes Bild. Ob beim Einkaufen, beim Einlass ins Schwimmbad oder um das Lächeln einer Berühmtheit zu ergattern – Geduld ist angesagt. Auf das *Äußere* wird wieder verstärkt geachtet. Und wir sind jeglicher Art Luxus zugeneigt, auch wenn es nur der kleine ist. Tagsüber amüsieren sich die Deutschen in den Milchbars, nachts wird das *Tanzbein* geschwungen. Das Leben hat uns wieder – und wir genießen es in vollen Zügen. Wo gestern noch eine Bombe entschärft werden musste, entsteht heute ein neues Warenhaus. Das Gröbste ist überstanden, es geht bergauf.

Endlich Coca-Cola, endlich wieder Tabak. Alles scheint möglich. Die ersten Paparazzi sind auch schon am Werk und lichten hier den Boxer Gene Jones ab, der anscheinend „very amused" ist.

Die *Milch* macht's!

Endlich kann man wieder ausgehen! Düsseldorf hat eine Milchbar und den beiden vergnügten jungen Damen scheint es bestens zu schmecken (oben). Dass man die Milch auch elegant gekleidet zu sich nehmen kann, demonstriert diese Dame während einer Ausstellung im Ostberlin des Jahres 1956 (rechts). Auch bei Kaffee und Kuchen (unten) kann man sich bestens *vergnügen*.

Die Berliner amüsieren sich am Wannsee oder grillen (unten) und so mancher hat seinen eigenen Wannensee (rechts) – auch nicht schlecht. Und nach dem ersten kühlen Schreck dürfte der *Spaß* genauso groß sein ...

Oft ist der *Wunsch* Vater des Gedankens. Eine Riesentorte zur Wahl des Bundespräsidenten 1954 soll symbolisieren, was sich viele Bundesbürger sehnlichst erhoffen: ein vereinigtes Deutschland (ganz unten).

Der Spaß hat seine *Grenzen*.

Schlange stehen – ein Bild, das sich Anfang der 50er noch oft bietet. Viele Wasserleitungen sind noch nicht repariert, also muss der *Wasserwagen* zu den Menschen kommen, wie hier in Neukölln (unten). Wer nicht auf die Kohlenlieferung warten will, muss sich zu einem Kohlenhof begeben und am besten einen leeren Sack mitbringen (rechte Seite, oben links). Vieles ist noch knapp – außer Zeit, die nimmt man sich für ein Gespräch mit Nachbarn (rechte Seite, unten).

Die meisten Menschen nehmen es dennoch gelassen. Sie sind froh, dass der Krieg vorbei ist. Vergessen lässt sich aber nicht so schnell. Dafür sorgen schon die vielen Bomben, die immer wieder gefunden und entschärft werden. Ein gefährlicher Job für die *Feuerwerker*, die diese Zehn-Zentner-Langzeitzünder-Bombe unschädlich machen (rechte Seite, oben rechts).

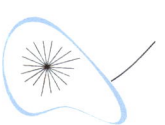

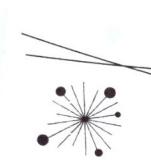

Das
Nachtleben
boomt.

Die Menschen wollen wieder Spaß haben. Und was lange verboten war, findet schließlich doch seinen Weg aus den USA nach Deutschland. Wie beispielsweise der Boogie-Woogie. Ein *wilder Tanz*, der einiges an Akrobatik und Kondition erfordert. Diese beiden Saalstürmer eines

Tanzwettbewerbs in der „Badewanne" in Berlin scheinen ihren Spaß daran zu haben, während dem Publikum der Atem stockt. Wer es etwas ruhiger mag, kommt beim Tanzen auch auf seine Kosten – und unterstreicht sein gepflegtes Äußeres durch ein wenig Frisiercreme (oben rechts).

Wofür man sich so
interessierte ...

Die Hochzeiten der Schönen und Berühmten gehören schon immer zu den am meisten beachteten
gesellschaftlichen *Ereignissen*: Sonja Ziemann, einer
der größten Stars des deutschen Nachkriegsfilms,
heiratet 1951 den Strumpffabrikanten Rudolf Ham-
bach (linke Seite).

Doch auch Trauriges wie Hoffnungsvolles findet
Aufmerksamkeit: „Vermisst wird ...!" Der Suchdienst ist
in den Nachkriegsjahren unermüdlich im Einsatz. Das
neue Medium Fernsehen hilft mit (unten). Viele Menschen, die durch die *Kriegswirren* getrennt worden
sind, werden so wieder zusammengeführt.

„Musik wird oft nicht schön gefunden, weil stets
sie mit Geräusch verbunden." Das stellte einst Wilhelm Busch fest. Ausgenommen sind selbstverständ-
lich diese vier kleinen *Hausmusiker* (rechts oben).
Ihr Auftritt kann, zumindest akustisch, der Nachwelt
erhalten bleiben – wenn ein „Smaragd" zur Verfü-
gung steht, das brandneue Magnettongerät aus dem
Erzgebirge.

Ob bei Hochzeiten, im Fernsehen oder
beim Musizieren: Die *Schönheit* darf
nicht zu kurz kommen. Kein Problem mit
dem neuen Zell-Tonikum!

Nachtleben
in Berlin

So schlicht sich das Ambiente von „Remdes St. Pauli" gibt, so überaus graziös zeigt sich die *Nacktänzerin* dem geneigten Publikum, dessen Begeisterung sich noch in Grenzen hält (unten).

Von etwas anderem Format ist da das *Frauenringen* im „Goldenen Hufeisen" (oben). Aber schließlich muss jede(r) sehen, wo das Geld herkommt ... Auch gemischte Ringkämpfe stehen auf dem Programm. Die Ladys wissen sich anscheinend gegen ihre männlichen Kontrahenten bestens zu wehren. Dieser junge Mann dürfte bei dem gekonnten Griff seiner Gegnerin durchaus ins Schwitzen geraten sein (rechts).

Zeit für die
Schönheit ...

In einem (scheinbar) unbeobachteten Augenblick die Lippen nachziehen, neues *Rouge* auflegen – so viel Zeit muss sein. Und Zeit, das Leben zu genießen!

Koche mit Liebe,
würze mit
BINO

BINO Würze

... und den *Genuss* ✳

✳

Was koche ich heute? Eine Frage, die sich nicht nur Hausfrauen, sondern auch zunehmend unverheiratete Männer stellen. Vorab müssen die Herren allerdings noch üben: hier bei einem *Junggesellen-Kochlehrgang* in Duisburg (links).

Jutta Neumann-Krüger, erfolgreiche Leichtathletin und Handballerin, in ihrer Küche (oben). Sie scheint zu wissen, wie man kocht – auch auf kleinstem Raum. Ein wenig zusätzliche *Würze* kann allerdings jede Speise vertragen. Im Westen hilft dabei Maggi, im Osten Bino.

Es muss nicht immer **Kaviar** sein.

Auch die kleinen Genüsse wissen die Menschen zu schätzen – sei es ein Kaffeeklatsch oder ein Gläschen Sekt zum Jahreswechsel (linke Seite, oben und links unten). Da passt es bestens, dass die Berliner *Bockwurst* Jubiläum feiert: 65 Jahre und kein bisschen fade. 1889 war es Richard Scholtz, der im Stadtteil Kreuzberg ein Eckrestaurant eröffnete und der Bockwurst zu ihrer Geburtsstunde verhalf (linke Seite, rechts unten). Auch das schwarze Bockbier schmeckt jedes Jahr aufs Neue (oben). Der originelle *Bierfahrer* hat das Gebräu der Berliner Kindl-Brauerei fachmännisch getestet und für gut befunden. Die Dame von Welt greift lieber zum Edellikör made in Hohenschönhausen, laut Werbeplakat ein unvergleichlicher Genuss (rechts).

Kinder

spielen überall ...

Zum Beispiel mit Sand und Schaufel vor der zerstörten Berliner Gedächtniskirche – ein Bild, das die Atmosphäre der Nachkriegszeit widerspiegelt (unten).

Oder mit *Murmeln* auf dem Boden – ein beliebtes Vergnügen der 1950er (oben). Die Kleinen schaffen es jedes Mal, das Beste aus ihrer Situation zu machen.

... egal, wie die Umgebung beschaffen ist.

Kleine Menschen, große Maschine: Vor dem riesigen *Schaufelradbagger* (unten) wirken die beiden jungen Beobachter verloren. Gigantisch reckt sich der Koloss im Kölner Braunkohlerevier in den wolkenverhangenen Himmel. Im Hintergrund rauchen die Fabrikschlote.

Die Welt zerreißt in Ost und West

... aus Freunden werden Feinde

Das Jahrzehnt der *Trennung* bringt den Menschen in Ost und West einschneidende Veränderungen. Während sich die Bundesrepublik immer deutlicher dem Westen anschließt, driftet die DDR notgedrungen nach Osten. Als Westdeutschland dem Europäischen Verteidigungsbündnis beitritt, eskaliert die Entwicklung und die DDR schließt ihre Grenzen. Und dann rattern am 17. Juni 1953 russische Panzer durch die Straßen Ostberlins, um den *Aufstand* der Arbeiter im Arbeiter- und Bauernstaat niederzuwalzen. Die Zeit des *Kalten Krieges* ist eingeläutet: Unversöhnlich stehen sich die beiden deutschen Republiken gegenüber.

David gegen Goliath: Im Verlauf des 17. Juni 1953 streiken 300 000 Menschen in der ganzen DDR. Es kommt zu Gewaltaktionen gegen die Zeichen sowjetischer Präsenz. Russische Panzer beenden schließlich den Aufstand.

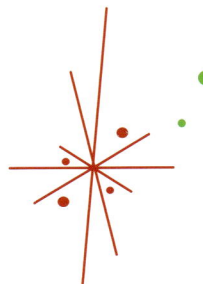

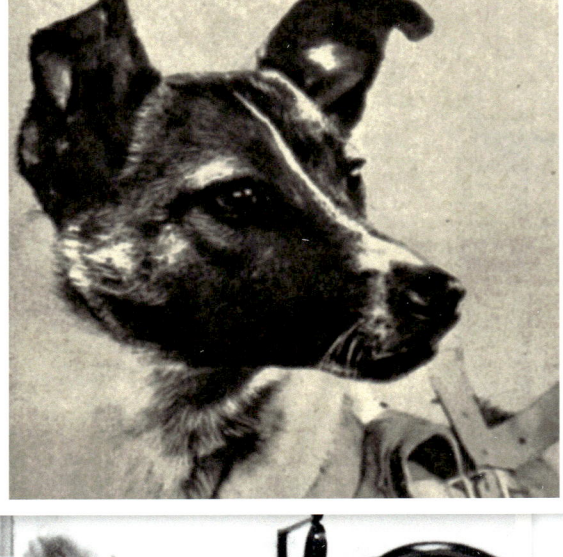

Die *Besatzer* gehen

Westdeutschland erhält seine *Souveränität* und zum ersten Mal nach zehn Jahren findet in der Bundesrepublik wieder eine Flaggenparade statt. Bundeskanzler Adenauer verliest anlässlich des Ereignisses die Proklamation der Regierung (linke Seite, oben) und wird geehrt. Wilhelm Pieck, erster und einziger Präsident der DDR von 1949 bis 1960, empfängt eine Abordnung koreanischer Kinder (linke Seite, unten).

Bundeswirtschaftsminister Ludwig Erhard (CDU) ist der „Macher" des westdeutschen Wirtschaftswunders. Das wird für die Bürger immer greifbarer; es geht voran. Erhard zeigt sich bei der Deutschen Industrieausstellung 1958 in Berlin mit der unvermeidlichen Zigarre an der Schallplattenbar der Firma Philips (oben). Ein Jahr zuvor tritt das erste Lebewesen seinen Flug in den *Weltraum* an: die russische Hündin Laika (linke Seite, Mitte).

Der *EVG-Beitritt 1952*

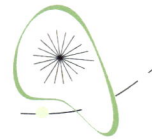

In Paris unterzeichnet die Bundesrepublik 1952 den Vertrag über die Europäische Verteidigungsgemeinschaft. Er garantiert den Erhalt Westdeutschlands und Westberlins und sieht vor, dass die BRD zwölf der 43 geplanten Truppeneinheiten zu je 13 000 Mann stellt. Die DDR reagiert auf den EVG-Beitritt der BRD mit sofortiger Sperrung der Grenzen und dem Trennen der Telefonverbindungen. Die SED beschließt wenig später den Aufbau der Volksarmee und eine *Landreform*. Ungeachtet jeglicher politischer Wirren bewacht ein englischer Posten das russische Denkmal im Westen Berlins (rechts). 1957 besucht der Generalsekretär der Kommunistischen Partei der Sowjetunion, Nikita Chruschtschow, seinen Kollegen Walter Ulbricht (unten). Ob er sich mit Ferkeln auf dem Arm fotografieren ließ, seinen Protest gegen „amerikanische Provokationen" mit dem Schuh auf den Konferenztisch

hämmerte oder im Pelz Panzerparaden der Roten Armee abnahm: Der russische Politiker machte Politik zum Anfassen. Deutschlands Bundeskanzler Konrad Adenauer und Frankreichs General Charles de Gaulle, die Galionsfiguren beider Länder, bemühen sich gemeinsam, das deutsch-französische *Verhältnis* zu verbessern (rechte Seite).

Um Splitterparteien den Einzug in das westdeutsche Parlament zu erschweren, wird die Fünf-Prozent-Klausel ins *Wahlrecht* der BRD eingeführt. Die Bundestagswahl bringt der CDU/CSU unter Kanzler Konrad Adenauer beinahe die absolute Mehrheit (zu der ihr lediglich ein einziges Mandat fehlt). Am 6. Oktober 1953 wird die erste Plenarsitzung des Deutschen Bundestages eröffnet (unten).

Dr. Albert *Schweitzer* rüttelt mit seinen Aktivitäten auf dem afrikanischen Kontinent die Europäer wach – und wird mit Ehrungen überhäuft. Der berühmte französische Bildhauer Aldo Bartelletty fertigt eine Büste des prominenten Arztes an (rechts).

Politik und Show ...

... vertragen sich gut. Das beweist auch die italienische Schauspielerin Sophia Loren, die sich bei ihrem Besuch 1959 in Berlin in das Gästebuch einträgt (unten). Berlins Regierender Bürgermeister Willy Brandt empfängt die Schöne im Rathaus Schöneberg.

Der Aufstand des *17. Juni 1953*

Als die SED 1953 eine Normenerhöhung nicht zurücknimmt, treten zuerst die Bauarbeiter der Baustelle *„Stalinallee"* in den Streik und lösen damit eine Lawine aus. Im Verlauf des 17. Juni streiken 300 000 Menschen in der ganzen DDR. Der anfangs ökonomische Charakter der Streikforderungen wandelt sich sehr bald zu einem politischen mit Forderungen nach freien Wahlen. Es kommt zu Gewaltaktionen gegen vielfache Zeichen sowjetischer Präsenz. Schwere russische T34-Panzer fahren gegen Mittag in Berlin auf. Der Aufstand in der DDR vom 17. Juni 1953 wird schließlich durch das gewaltsame Eingreifen des russischen Militärs niedergeschlagen. Es gibt viele Verletzte und nach offiziellen Angaben 19 Tote.

In den Folgejahren wird in der BRD dieser Ereignisse am 17. Juni als arbeitsfreier „Tag der Deutschen Einheit" gedacht. Kiesinger, Heuss und Brandt bei der Gedenkkundgebung 1959 (rechte Seite, oben). Die Aufnahme oben entstand während einer Kundgebung zum 1. Mai 1954.

Die Präsenz des *Militärs* ist allgegenwärtig: ein Straßenhinweisschild für Panzerfahrzeuge am Kurt-Schumacher-Damm in Berlin (rechte Seite, unten).

Oh, oh, Motorbiene

– der Triumphzug des fahrbaren Untersatzes

Nach Zeiten der Stagnation ist Mobilität angesagt.

Bereits 1954 befahren *fast fünf Millionen Autos* die deutschen Straßen, von den unzähligen Motorrädern und Fahrrädern ganz zu schweigen. Bevor der Verkehr ganz zusammenbricht, werden umfassende Bauvorhaben angeschoben. Die Straßen und Autobahnen, die Schienen und die Brücken werden erneuert oder gleich neu gebaut, denn die Räder sollen rollen.

Die Deutschen entdecken ihre *Lust am Reisen*, also müssen auch mehr Flugzeuge und Schiffe her. Und für den „kleinen Mann" entwickeln findige Ingenieure lustige Fahrzeuge wie etwa den Kabinenroller. In West wie in Ost wird Gas gegeben.

Der Volkswagen prägt das Bild der deutschen Straßen. Und der „Käfer", lange Zeit der Deutschen beliebtester Pkw, rollt besonders gut.

 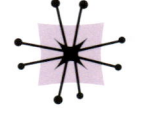 

Wirtschaftswunder –
das bedeutet *Autofieber*.

In West und Ost werden Autos gebaut, die *Nachfrage* ist groß. 1954 befahren bereits 4,7 Millionen Pkw die deutschen Straßen. Opel (auf dem Bild links wird der neue Olympia 1950 vorgestellt) richtet in den Rüsselsheimer Werken eine vollautomatische Maschinenstraße ein, auf der täglich über 100 000 Löcher in 680 Zylinderblöcke gebohrt werden.

Was für den Westdeutschen der BMW ist, soll für den Ostdeutschen der „EMW" werden, ein schmuckes Gefährt für Leute mit dem nötigen Kleingeld (unten). Doch bald ist die *gelackte Karosse* von den Straßen verschwunden.

Wenn nichts mehr hilft, hilft Gottes Segen. In Stoffeln werden die Autos St. Christopherus, dem „Schutzpatron der Kraftfahrer", anbefohlen (oben).

Hüben wie drüben gleichen sich die *Formen* der Autos einander an.

Der Wartburg (er wird bis zur Wende in Eisenach gebaut) hat durchaus Gemeinsamkeiten mit dem westdeutschen Borgward. Ob die Namensähnlichkeit zufällig ist? Der in Bremen hergestellte Borgward mit dem berühmten Modell „Isabella" hält sich jedenfalls deutlich kürzer auf dem Markt.

Die *Bayerischen Motorenwerke* präsentieren 1954 ihr neues Flaggschiff, den BMW 501 (unten). Das rundum gelungene Konzept setzt sich im hochpreisigen Marktsegment durch, dient auch als Staatskarosse und ist heute noch ein beliebtes Objekt für Oldtimer-Freunde.

Die Motorisierung schreitet fort.

Wer sich kein Auto leisten kann, für den soll es wenigstens ein anderer fahrbarer Untersatz mit Pferdestärken sein, zum Beispiel ein Motorrad (rechte Seite, unten links) oder eine *Vespa* (rechte Seite, oben). Weckte der italienische Flitzer im Westen Begehrlichkeiten, nannte sich rechts der Elbe das Wunschgefährt „Wiesel" (links), ein passender Name für flinke Bewegung.

Ob die Wiesel-Bräute allerdings tatsächlich zur empfohlenen Frisiercreme „zit" griffen (rechte Seite, unten rechts), scheint eher fraglich.

Ein *Dokument* aus dem Jahr 1950: Der Kleinlastwagen „Econom", in Berlin gebaut und preiswert zu haben, soll den Handel zwischen der ehemaligen Hauptstadt und Westdeutschland ankurbeln.

Er wird vor allem den Kommunen als Arbeitstier angeboten, sogar mit Zwillingsbereifung der Hinterachse (unten).

Der Schnappschuss aus dem Jahre 1954 von der Nonne auf der Vespa ging um die Welt.

Auf den *Straßen Deutschlands*

Überall *knattert* und *pufft* es vernehmlich, da kommt das „flüsternde" Motorrad der Triumphwerke aus Nürnberg gerade recht – und wird werbewirksam in Szene gesetzt (unten links).

Es bewegt sich was: Die Deutschen verspüren nach den kargen Jahren eine unbändige Reiselust. Das führt zu praktischen Neuentwicklungen, wie diese Schöpfung aus dem Jahr 1953: ein *Wohnwagenanhänger* zum Ausklappen (rechte Seite, oben). Die integrierten Betten sind bereits bezogen – jetzt noch die Plane darüber spannen und fertig ist die Laube im Grünen.

Bewegen sich westliche Staatsoberhäupter gerne im eleganten Mercedes, so setzt der Ostblock auf Limousinen russischer Herkunft. Hier zeigt sich Otto Grotewohl, Ministerpräsident der DDR, 1956 in Prag im offenen Wagen. Tausende von winkenden Bürgern säumen, freiwillig oder nicht, den Straßenrand (unten).

1951 steht unter dem Motto:

wird **Alles teurer.**

Diesel kostet jetzt 45 Pfennig, Benzin sogar 65 Pfennig. Da sind Zweiräder die richtige Alternative, vor allem die *ohne Motor*. Gleich einmal rund um die Welt will der sportliche junge Mann fahren, der hier auf der Düsseldorfer Königs-Allee eine Pause einlegt und dabei ein kleines Schwätzchen hält (links).

Wo immer große Veranstaltungen wie Ausstellungen stattfinden, gibt es große Flächen zum Abstellen von Fahrrädern und Motorrädern (linke Seite, unten).

Die junge Dame, die hier so angeregt mit einem Berliner Schupo (Schutzpolizist) über Fahrräder fachsimpelt, ist nicht etwa irgendwer, sondern immerhin Nati Mistral, der Star des spanischen Zirkus „Espaneol", der auf seiner Tournee durch Europa am Funkturm halt gemacht hat (unten).

Das Fahrrad ist *Sympathieträger* – und wird auch in der Werbung für so manches Produkt benutzt (rechts).

WOFASEPT *spezial*

dient im besonderen Maße der intimen Körperpflege der Frau

VEB FARBENFABRIK WOLFEN

BMW baut die Isetta!

Der deutschen Zweiradindustrie hat sich merkliche Unruhe bemächtigt. Nach Jahren der Hochkonjunktur geht der Absatz und damit die Produktion von Motorrädern und Fahrrädern unaufhaltsam zurück. Zwar sorgt die zunehmende Beliebtheit der Roller und Mopeds für einen gewissen Ausgleich, aber man will trotzdem begreiflicherweise nicht tatenlos zusehen, daß ein stattlicher Teil der bisherigen Motorrad- und Roller-Kunden zu jenen einzelnen Firmen abwandert, die sich mit der Produktion von Kabinenfahrzeugen befassen. Der durchschlagende Erfolg des Messerschmitt-Kabinenrollers und das deutliche Aufholen des Fulda-Mobils, das die ganzen Jahre her zu einem bedeutungslosen Außenseiter-Dasein verurteilt schien, weckten die Motorradindustrie aus ihrem Dornröschenschlaf. Emsiges Treiben herrscht allerorten in den technischen und kaufmännischen Büros, eine Firma will der anderen den Rang ablau-

fen, und jede hat Angst, zur Verteilung des frischen großen Kuchens zu spät zu kommen.

So erfreulich wir diese Entwicklung an und für sich finden, so verkennen wir aber auch nicht gewisse Gefahren, die darin liegen. Bedenklich stimmt uns vor allem die Tatsache, daß man bei gewissen Firmen vom Begriff der Marktreife nur recht vage Vorstellungen zu haben scheint. Auch die allertüchtigsten Leute sind einfach nicht imstande, irgendein Kabinenfahrzeug (oder wie das Ding auch immer heißen mag) innerhalb weniger Monate bis zur Serienreife durchzuentwickeln, wenn heute

Rechts: Das niedliche Fahrgestell der Original-Isetta mit Einzylinder-Doppelkolben-Zweitaktmotor.
Zeichnung aus „Auto Italiana"

Links: Die originelle Federung der einzeln aufgehängten Vorderräder. Die Gummifeder befindet sich in einem Schutzgehäuse und wird durch einen Reibungsstoßdämpfer ergänzt.

18   AUTO MOTOR SPORT   Heft 21/1954

Ende 1954 stagniert die Hochkonjunktur der Zweiräder und die Industrie muss sich etwas Neues einfallen lassen. Das tut sie auch – und zwar mit der neuen Allzweckwaffe *Kabinenroller* (links). Messerschmitt macht es vor und findet viele Nachahmer. Zum erfolgreichsten „Sofa auf Rädern" wird die BMW Isetta (linke Seite, oben), deren Einstieg vorne liegt. Die schicke „Hoffmann Autokabine" dagegen mit Türen an den Seiten kann sich nicht durchsetzen (oben).

Ein Zehn-Jahres-Programm für die *Verkehrsplanung*

Im Herbst 1954 legt der damalige Bundesverkehrsminister Seebohm ein *Programm* vor, das pro Jahr 2,3 Milliarden DM kosten soll. 75 000 Kilometer Straßen sollen ausgebaut werden, um den stetig steigenden Verkehr in den Griff zu bekommen.

Überall wird fieberhaft gearbeitet. Die Fahrbahnmarkierung auf dem Ruhrschnellweg geschieht noch per Hand, im Hintergrund eines der beliebten Tempo-Dreiräder (linke Seite). In Düsseldorf werden neue *Straßenbahnschienen* verlegt, denn auch der innerstädtische öffentliche Verkehr ist enorm gewachsen (oben). Und die neue *Autobahnbrücke* über den Rhein bei Köln-Rodenkirchen geht ihrer Fertigstellung entgegen (links).

Die *Bundesbahn* hat bereits 1951 die Preise für Fahrten zweiter Klasse von 8,7 auf 12,4 Pfennig pro Kilometer erhöht, beinahe um 50 Prozent also. Da müssen die Bahnmanager mit neuen schnellen Zügen nachziehen. Der TEE-Diesel wird 1957 in Dienst gestellt. 122 Reisende rauschen nun bis zu 140 km/h schnell über die Gleise (unten).

Auch die Luft über Deutschland gerät in Bewegung. Anfang der 50er beherrschten amerikanische und britische Gesellschaften den Luftraum, wie hier die viermotorige „Clipper" der Pan

American (rechte Seite, oben). Auf der rechten Seite unten ein Blick in die Kabine einer „Viking" der BEA. Am 24. Mai 1954 wird die Deutsche Lufthansa AG gegründet. Sie nimmt im Juli mit den ersten Convair-Maschinen den Betrieb auf und bestellt gleichzeitig in den USA vier *Super Constellation* für die Nordatlantik-Route.

Wer kein eigenes Fahrzeug hat, vertraut sich bei längeren Fahrten **Bus** oder **Bahn** an.

Die Lufthansa kommt wieder!

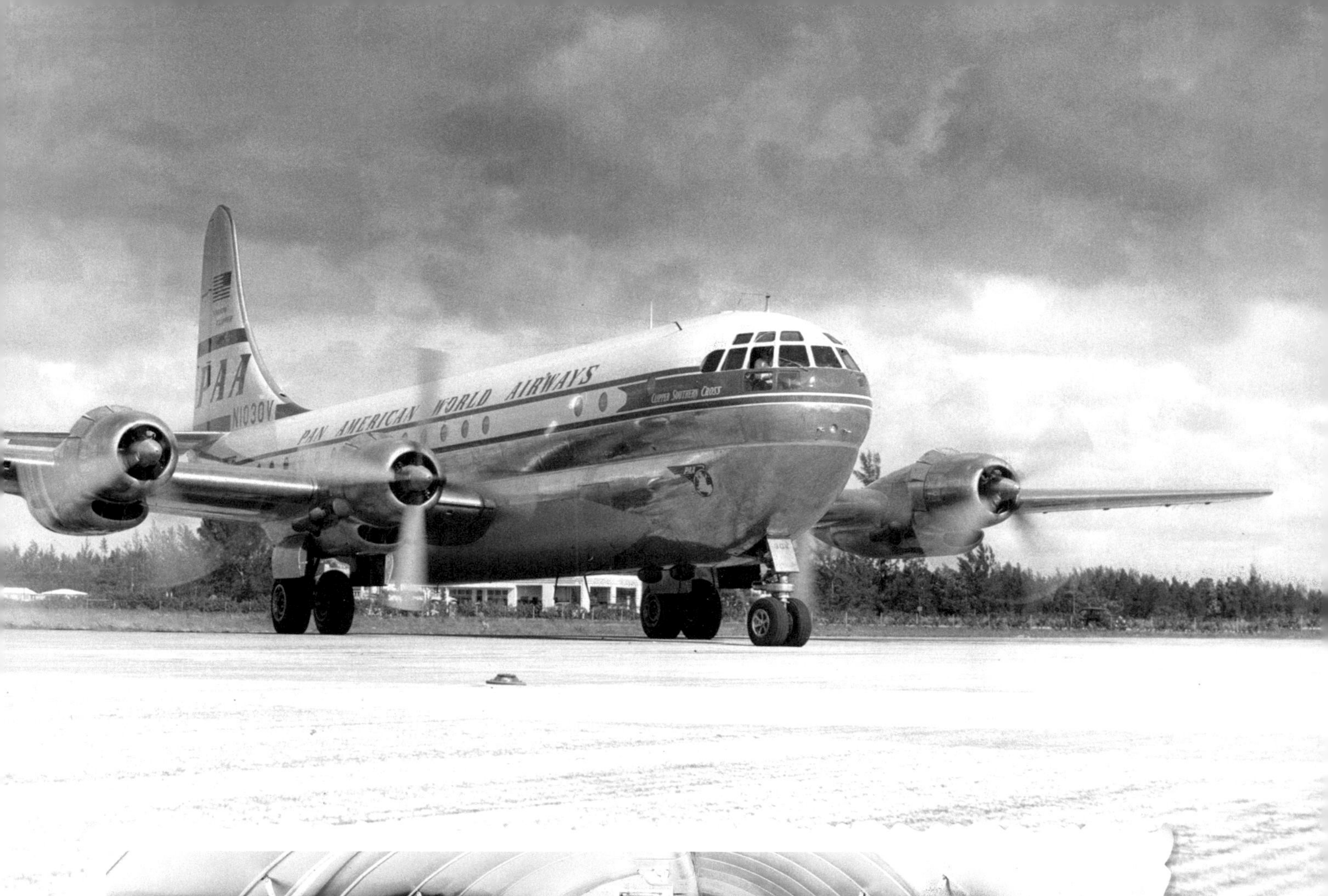
PAA
N1030V
PAN AMERICAN WORLD AIRWAYS

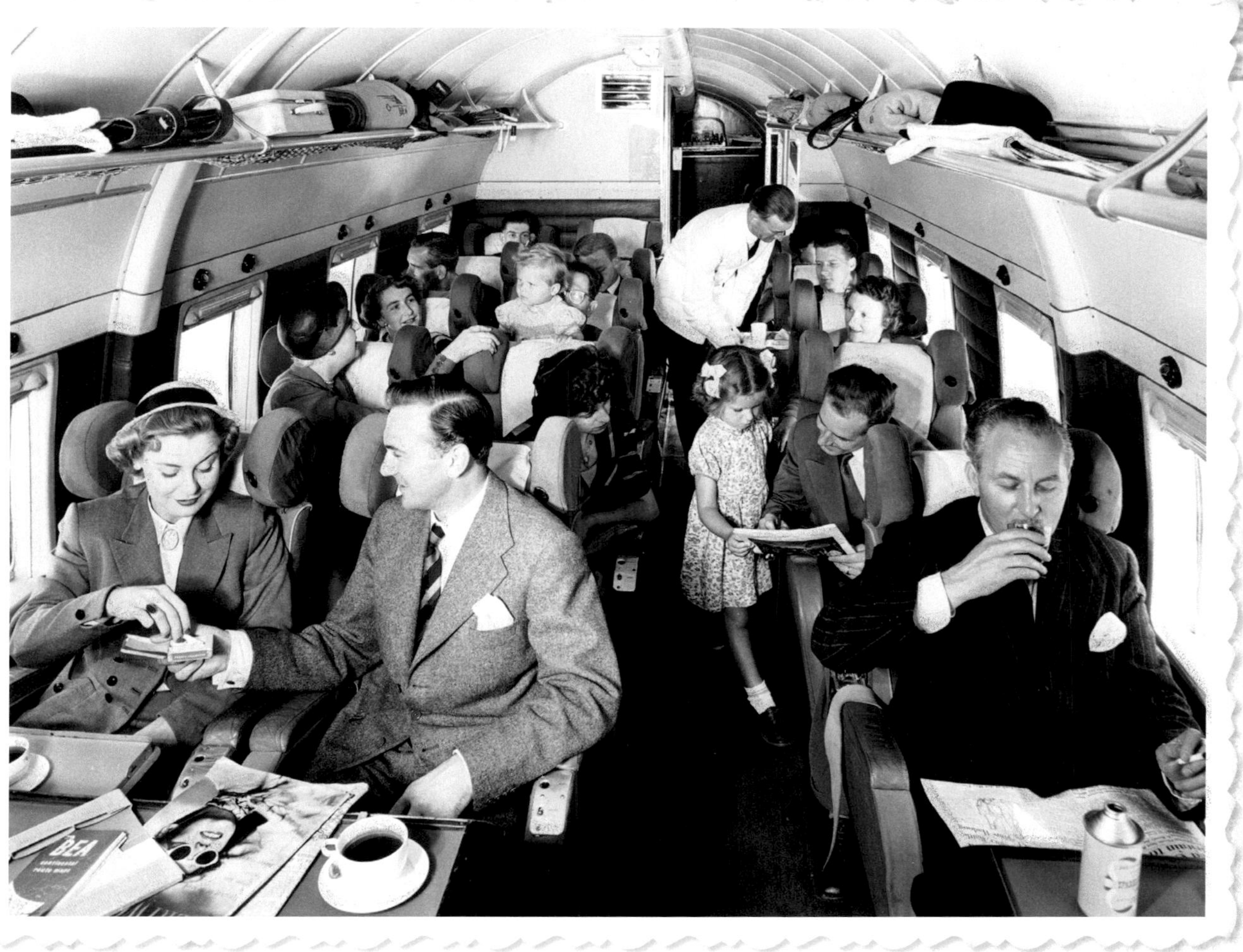
BEA

TOUROPA

KARMA
Sonnen-Oel
Nußbraun

SONNEN-OEL
NUSSBRAUN

Urlaubsreisen

Den TOUROPA-Ferienführer erhalten Sie kostenlos in Ihrem Reisebüro

Wir reisen wieder...

... und zwar mit Vorliebe in den Urlaub.

Die Touropa bietet in jedem Reisebüro ihre Pauschalreisen an. Beim ersten Sonnenschein füllen sich überall an Nord- und Ostsee die Strände (oben).

Wer etwas auf sich hält, kehrt *braun gebrannt* aus den Ferien zurück und schwelgt in Erinnerungen an ferne Länder. Sonnenöl beherrscht im Juli und August die Werbung (linke Seite).

Nicht nur zu Lande und in der Luft nimmt der Verkehr zu. Auch das Wasser haben die Deutschen wieder für sich entdeckt. Ruderboote werden für eine Mark die Stunde an Binnengewässern ausgeliehen, Paddler bevölkern mit ihren Kanus Bäche und Flüsse.

Die Dampfschifffahrt auf den großen deutschen Flüssen erlebt eine Renaissance. Und die ganz großen Pötte schaukeln wieder über die Weltmeere: *Kreuzfahrt* heißt das Zauberwort (oben rechts).

Glanz, Glamour, Glitter

Blütezeit für Stars und Sternchen.

Schön bürgerlich geht es zu, und das nicht nur in deutschen Wohnzimmern. Paare beherrschen die *Leinwände* und erobern sich die Bühnen. Was für die Älteren Ruth Leuwerik und O. W. Fischer sind oder Romy Schneider und Horst Buchholz, das sind für die Jüngeren Conny Froboess und Peter Kraus. Bei Marion Michael und Hardy Krüger („Liane, das Mädchen aus dem Urwald") geht es schon etwas *gewagter* zu, bei den Kabarettisten Wolfgang Neuss und Wolfgang Gruner etwas *deftiger*. Doch schon nahen die jungen Wilden und begehren mit dem Leitbild James Dean als Halbstarke auf.

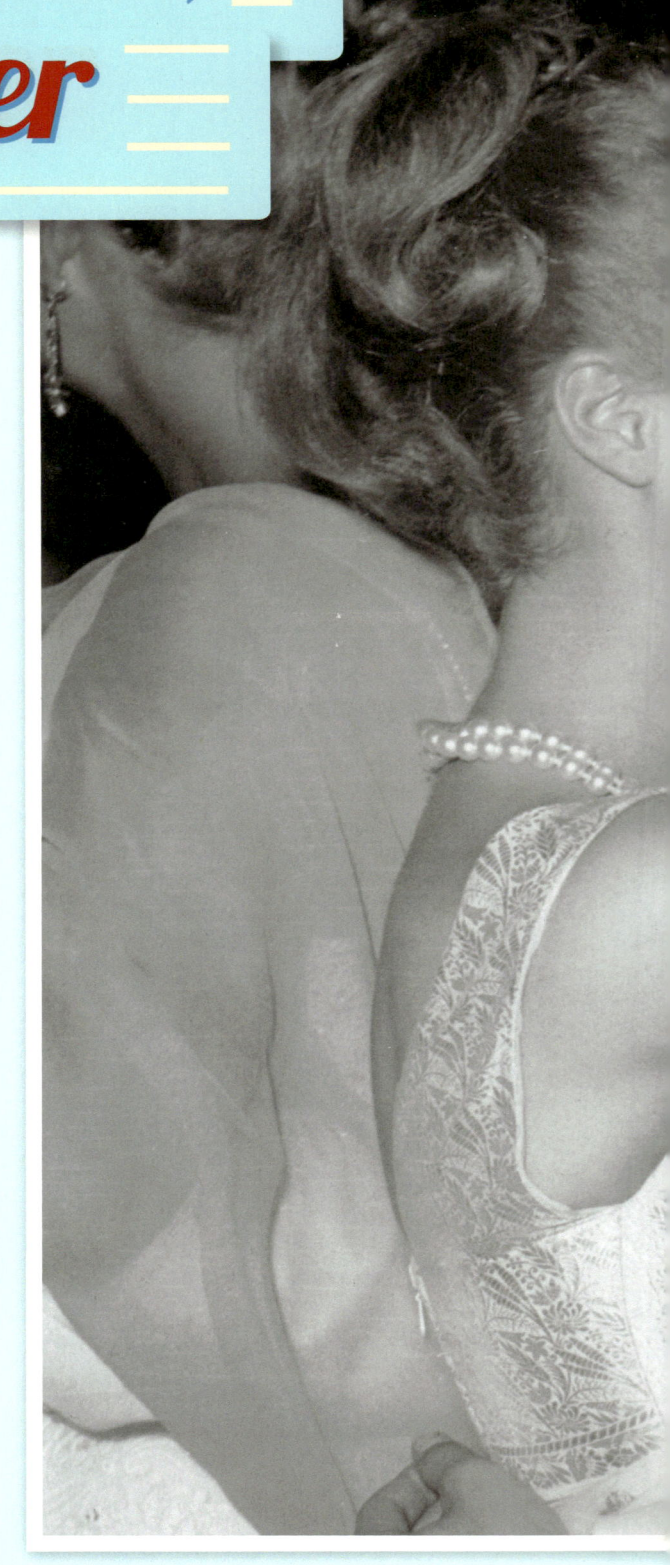

Zwei am Anfang ihrer Karriere:
Deutschlands „Kaiserin Sissy", Romy
Schneider, und Horst Buchholz wäh-
rend der Berliner Filmfestspiele 1957.

Schöne Frauen
erobern den Film.

Filmsternchen Marion Michael, keck in die *Kamera* lächelnd, während einer Drehpause bei den Aufnahmen zu „Liane, das Mädchen aus dem Urwald" von 1956 (links). Filmpartner ist Hardy Krüger. Mit Marion Michael glaubt man die deutsche Antwort auf Brigitte Bardot gefunden zu haben.

Von ganz anderer *Leinwand-präsenz* ist Hildegard Knef (rechts). Hier steht sie für den Film „Verkauftes Leben" an der Seite von Hannes Messemer vor der Kamera. Regie führt Wolfgang Staudte. Hildegard Knef gilt als erster Star des deutschen Trümmerfilms.

Das *Original* – oft kopiert, nie erreicht: Der französische Filmstar Brigitte Bardot setzt sich für die Fotografen gekonnt in Pose (unten).

Internationale Künstler
finden wieder den Weg nach Deutschland.

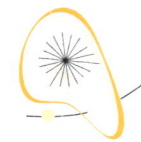

So auch Jazztrompeter Louis Armstrong, der hier auf dem Düsseldorfer Flughafen eine Kostprobe seines Könnens gibt (unten). Er weiß die *Massen* ebenso zu begeistern wie Harry Belafonte (rechte Seite, unten). Bei seiner Ankunft in Berlin-Tempelhof geraten der Star und seine Familie durch Autogrammjäger in arge Bedrängnis. In Berlin findet 1958 das einzige *Konzert* des Calypso-Königs in Deutschland statt.

Fensterln will gelernt sein! Für einen waschechten Schweizer wie Schauspieler und Sänger Vico Torriani kein Problem. Wenn Caterina Valente ihm nicht die Tür öffnen will, klettert er eben über den Balkon ihrer Wohnung (rechte Seite, oben). Zur Not auch mithilfe der von ihm alarmierten Feuerwehr. Die beiden *Künstler* stehen zu dieser Zeit in Berlin vor der Kamera: Valente in dem Film „Das einfache Mädchen", Torriani in „Jedes Herz sehnt sich nach Liebe".

Zwei, die sich mögen: „Wenn die Conny mit dem Peter …" – der erste gemeinsame Film von Ex-Kinderstar Cornelia Froboess und Peter Kraus. Weitere folgen und machen die beiden zu Teenageridolen. Erst Jahre später bekommt Cornelia Froboess die Gelegenheit, ihr Talent auch in ernsteren Rollen unter Beweis zu stellen.

BERLIN ECKE SCHÖNHAUSER...
EIN DEFA-FILM
DEFA

Was der Westen kann, kann der Osten schon lange. Er hat seine eigenen Filme und seine eigenen Halbstarken. Mit den gleichen Problemen, dem gleichen Auftreten und den gleichen Frisuren. Szenen aus dem *DEFA-Film* „Berlin – Ecke Schönhauser" von 1957 (oben und unten).

Die drei „*Säulen*" des deutschen Nachkriegsfilms

Sie haben gut lachen: Maria Schell, Hans Albers und O. W. Fischer auf dem Berliner Filmball 1956 (oben). Frauenschwarm Willy Birgel, hier 1952 auf dem *Düsseldorfer Filmball*, wie man ihn kennt: leicht maniert mit Monokel und dezentem Oberlippenbärtchen, stets umringt von schönen Frauen (rechts). Christina Söderbaum, links, und Lotte Koch lächeln um die Wette.

Gustav Gründgens in seinem Element: als Lucull, mit Antje Weisgerber an seiner Seite, in Hans Hömbergs Komödie „Kirschen für Rom" (linke Seite). Zum 70. Geburtstag des Bundespräsidenten Theodor Heuss inszeniert Gründgens das Stück im Godesberger Stadttheater.

Die Herren genießen die Zigarren, die Dame lächelt.

Und über allem thront der Reichsadler: Die Filmkulisse für Carl Zuckmayers erfolgreiches Theaterstück „Des Teufels General", das Gebäude des ehemaligen Generalkommandos in Hamburg, lässt *vergangene Zeiten* wieder auferstehen (links). Curd Jürgens, rechts, übernimmt die Rolle des Generals Harras, ein zweifelnder Nazioffizier. Victor de Kowa spielt seinen Gegner (links).

Ein weiteres Beispiel für große Literatur im Film: Werner Peters in einer Szene des 1951 gedrehten DEFA-Films „Der Untertan" nach dem Roman von Heinrich Mann (unten).

Heinz Rühmann, Sonja Ziemann und O. W. Fischer bei einem kleinen Plausch am Rande des Berliner Filmballs im Hotel Hilton 1959.

Zusammen *dreht sich's* besser.

Die *Kabarettisten* Wolfgang Neuss und Wolfgang Gruner üben den richtigen Hüftschwung mit dem Hula-Hoop-Reifen. Hier während einer Probenpause (unten). Vielleicht eine Einlage für das neue Programm der „Stachelschweine"?

Keine Angst vor wilden Tieren hat Dr. Bernhard Grzimek (rechte Seite). Der Tierfilmer mit zwei seiner liebsten Freunde: dem Zwergschimpansen „Camillo" und einer Elefantenschildkröte.

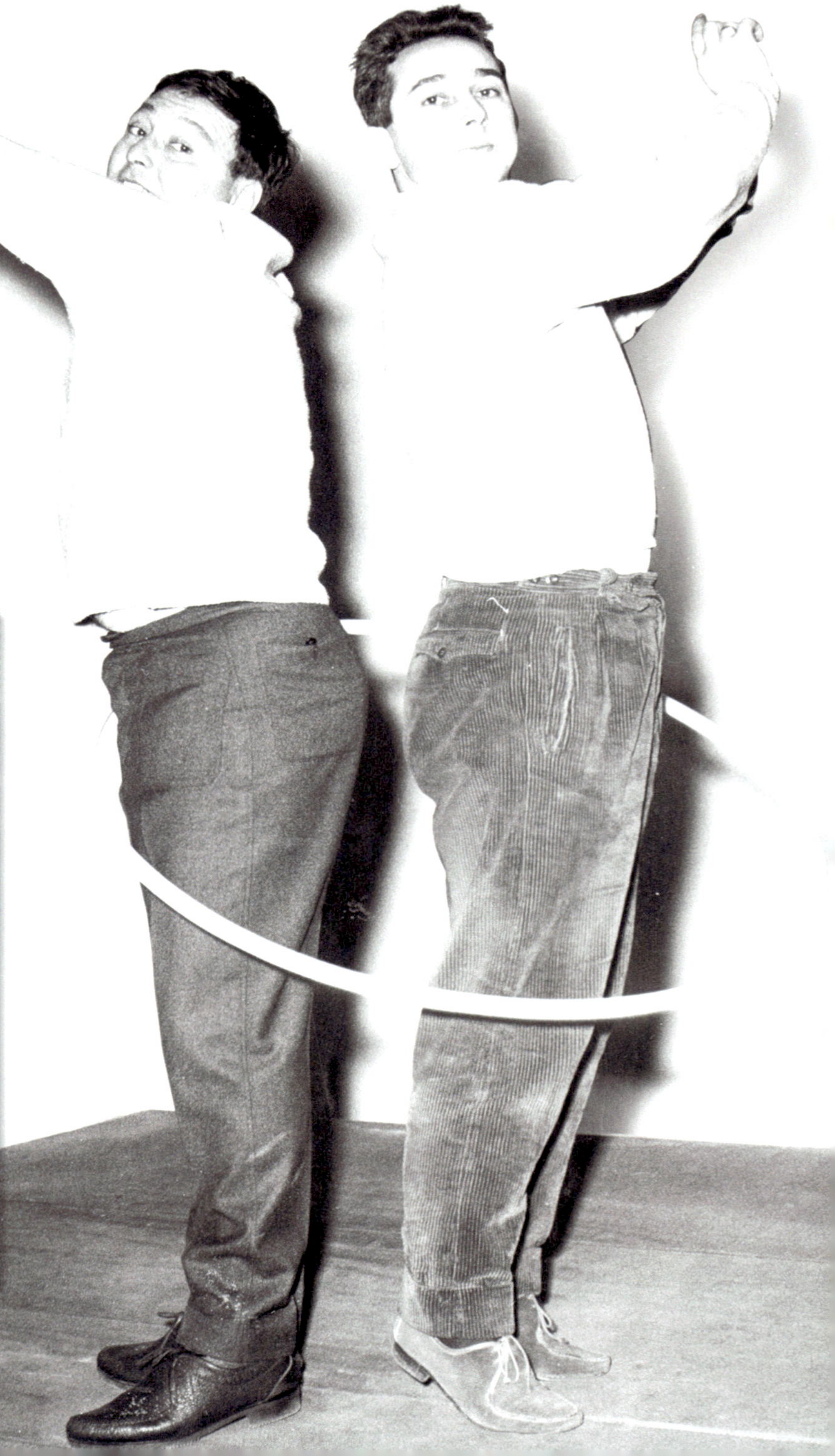

Überraschung! Nicht der große Magier Orlando entsteigt dem Koffer, sondern – wer hätte das gedacht – O. W. Fischer (unten). Hier zu sehen in seiner Rolle als sympathischer Gauner Peter Voss, den er gleich mehrfach verkörperte. Zu dieser Zeit wird in den Berliner UFA-Filmateliers „Peter Voss, der Held des Tages" gedreht.

Seine Fans liegen ihm
zu Füßen

Freddy Quinn, singender See- mann mit dem nötigen Timbre und Fernweh in der Stimme, gastiert bei einer Ver- anstaltung in der Berliner Deutsch- landhalle anlässlich der Internatio- nalen Filmfestspiele 1959.

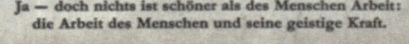

Ja — doch nichts ist schöner als des Menschen Arbeit:
die Arbeit des Menschen und seine geistige Kraft.

Ein Plakat zum Film „Lied der Ströme" –
eine DEFA-Produktion, in der die „Wirk-
lichkeit" aus *fünf Kontinenten* erzählt
wird (links). Zu sehen sind unter anderem
Bilder aus den Slums von New York,
die neue amerikanische „Demokratie"
in Japan und das neu enstandene Sta-
lingrad. Alles ganz im Sinne der DDR-
Ideologie.

Freudiges Wiedersehen: Boxweltmeister
Max *Schmeling* und Filmlegende Hans
Albers begrüßen sich auf dem Filmball
anlässlich der Internationalen Filmfestspiele in Berlin 1956 (unten).

Im *Klub junger Künstler* in Ostberlin trägt der junge Schauspieler Manfred
Krug Songs aus der Drei-Groschen-Oper vor (links). Das ist 1957. Später wird
er die wiedervereinte Nation in Serien wie „Liebling Kreuzberg" amüsieren.

Kleider machen Leute ...

... Leute machen Kleider.

Waren wir noch vor nicht allzu langer Zeit froh, überhaupt etwas auf dem Leib zu haben, werden wir nun wählerischer. Wer auf sich hält, greift nicht zum billigen Fummel – obwohl die *Schlussverkäufe* nach wie vor heiß begehrt sind. Wir können uns langsam wieder etwas leisten, also leisten wir uns modische Gewänder. *Modeschauen* sind „in", Modeschöpfer wie Heinz Oestergaard viel umjubelt. Und auch die, deren Geldbörse gerade mal zum Leben reicht, schauen mit blanken Augen auf Extravagantes. Die Kunstfasern treten ihren Siegeszug an: Nylon allerorten. Die Kleider werden schicker, die Hüte größer und die Badeanzüge knapper.

Frau trägt wieder Schirm,
bei Sonne wie bei Regen.
Und Ende der 50er auch
elegante Kleider, kombiniert
mit weißen Handschuhen,
Perlenkette sowie Pumps mit
Pfennigabsätzen.

Darf's ein bisschen *Nylon* sein?

Die neue Chemiefaser setzt sich immer mehr durch und glänzt in vielen *modischen Variationen*. Der unentbehrliche leichte Unterrock (links) gehört ebenso dazu wie die neue Leidenschaft der modernen Frau, der Nylonstrumpf (Strumpffabrik in Menden, unten).

Charmor
NYLON

Zum windschnittigen *Lockenkopf* und den betonten Augenbrauen trägt Frau die hochgeschlossene Bluse – natürlich aus Nylon (links).

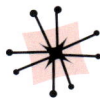

Ein Plisseerock für jede Gelegenheit (rechts). Mit der gebotenen Ernsthaftigkeit wird hier deutsche *Qualitätsarbeit* vorgeführt. Regenfest, waschbar und knitterfrei soll das Kleidungsstück sein – und somit allen Widrigkeiten des Lebens gewachsen.

DER NEUE PLISSEEROCK
Regenfest!
Waschbar!
Knitterfrei!
MEINE VORFÜHRUNGE...

Die *Hüte* werden größer, die Badeanzüge *knapper*.

Ganz im Stil der Bademode des amerikanischen Schwimm- und Filmstars Esther Williams zeigt sich diese *Badenixe*. Sportlich und lässig auch der junge Mann an ihrer Seite.

Ganze *Kollektionen* für den Auftritt am Strand werden vorgestellt. Neben Leinen zählt jetzt auch Frottee zu den bevorzugten Stoffen. Zurückhaltend in den Farben, dezent im Muster, elegant im Schnitt: Bademode von zeitloser Schönheit (oben). Auch das Nachtcafé am Zoo in Berlin zeigt Bein, und das bereits im Sommer 1950 (unten). Wer kann, entflieht für ein paar Stunden der *Tristesse* der Nachkriegsjahre. Man will sich wieder amüsieren. Die Damen in ihren Badeanzügen tun ihr Möglichstes.

Die Mode
schlägt
Kapriolen

Auf der linken Seite ist es ein Hut mit Zeitungsdruck, der vorübergehend Times und Figaro erspart. Die Sonnenbrille mit Jalousieeffekt verschafft nicht unbedingt den richtigen Durchblick (links). *Extravaganzen*, die Aufmerksamkeit erregen sollen.

So auch bei den drei oben gezeigten Hutkreationen: Hier lässt Deutschlands führender Modeschöpfer, Heinz Oestergaard, Blumen sprechen. Erlaubt ist eben auch in der Mode, was gefällt.

Haute Couture
made in Germany

Heinz Oestergaard – führender deutscher Modeschöpfer der 50er – mit seinen sonnenbebrillten Mannequins auf dem Weg nach Brüssel zur Internationalen Textilausstellung, wo erstmalig Kreationen aus deutscher *Chemiefaser* gezeigt werden (linke Seite). Auch die Polizei kann sich dem neuen koketten Chic der Damen nicht ganz verschließen (oben). Sauber, nett und adrett, die Nachkriegsmode für Mutter und Kind (rechts unten). Modisch gesehen hatte die Frau in den 50ern jedenfalls nicht die Hosen an ...

Jugend-Herbstmodenschau nennt sich diese Darbietung. Mannequins präsentieren 1954 aktuelle Modelle im Rahmen eines Reit-, Spring- und Fahrturniers in Westberlin.

Im Zeichen der
Schönheit

Peter Frankenfeld mischt mit auf den Bühnen der Republik und zeigt sich ganz in seinem Element als Conférencier eines Schönheitswettbewerbs (links). Die kommende Miss Niederrhein 1953 lächelt allerdings noch etwas schüchtern.

Salvatore *Ferragamo*, schon damals italienischer Schuh-Designer von Weltruf, zeigt anlässlich der ersten Deutschen Schuhmusterschau seine neuesten Modelle. Auch Schauspielerin Winnie Markus gehört zu seinen Bewunderinnen. Hier schenkt ihr der Modekünstler eines seiner exklusivsten Modelle: den mit Brillanten, Perlen und Rubinen besetzten Abendschuh (unten).

Im kleinen *Schwarzen*...

... lassen sich nun mal nicht gut Trümmer wegräumen: 1950 ist die Mode noch überwiegend von Zweckmäßigkeit gekennzeichnet (links).

Der Raum schlicht, das Kleid umso extravaganter: Modellkleider werden sogar versteigert, wie hier 1953 im „Prälat Schöneberg" (unten). Sicher wird hier so manches Schnäppchen gemacht.

Die Räumlichkeiten mögen noch beengt sein, doch es wird nach *Herzenslust* improvisiert. Überall ist Platz für einen Laufsteg. Sicher nicht für den täglichen Gebrauch gedacht ist dieses Ensemble, professionell mit gebotener Noblesse und geübtem Gang vorgeführt (links).

Luftig, leicht und leger: Kleider, die schon mal auf den Sommer einstimmen (unten). Hier mit dem obligatorischen *Petticoat* für mehr Volumen.

Spieglein, Spieglein an der Wand:

Wer ist die Schönste...

...im ganzen Land?

Wir haben nicht nur das *Wirtschaftswunder* hervorgebracht – noch ein anderes bewegt uns und die Welt: das deutsche Fräulein-Wunder. Selbstbewusst zeigen sich die jungen Damen auf Bühne und Laufsteg, zieren sich mit Titeln wie „Miss Kreuzberg", „Miss Berlin" oder „Miss Germany". 1956 ist die Sensation perfekt, wir haben sogar eine „Miss World" – der Name Petra Schürmann ist in aller Munde. Da wollen sogar die Männer nicht mehr zurückstehen. Lange vor einem Mister Universum zeigt auch der deutsche Mann Bein, wobei meist mehr der Mut als der *Körperbau* zu bewundern ist.

Miss-wahlen gehören dazu.

Der Krieg ist vorbei, das Leben wieder *lebenswert*. Wer so überzeugend lächelt, der muss einfach siegen. Wenn der Rest dann noch stimmt, gefällt es auch dem sonst so kühlen Hamburger Publikum. Misswahlen 1954 auf hanseatische Art (oben).

Die „Miss Berlin 1950" scheint ihr Glück kaum fassen zu können. Sie heißt übrigens Ursula Tachacher, ist 19 Jahre jung und kommt aus Charlottenburg (rechts).

Deutschland ist wieder wer – und das nicht nur im Fußball, sondern auch, wenn es um die schönste Frau der Welt geht. 1956 ist die *Sensation* perfekt: Petra Schürmann kehrt auf Händen getragen aus den USA zurück, frisch zur „Miss World" gekürt (unten).

Eine Miss muss *nicht nur schön* sein.

Sie darf auch ehrenvolle Aufgaben übernehmen. „Miss Germany 1957", Marina Orschel, bei der Ziehung der Lottozahlen – und ganz Deutschland fiebert mit (linke Seite).

Der Name der schönen Unbekannten im Unterrock (links) ist nicht übe liefert. Sicher ist allerdings, dass sie sich in Ostberlin bei einer Misswahl bewundern ließ, wie das „Magazin" berichtete.

Sitzt die Naht auch gerade? Sind die Waden wohlgeformt? Der Herr will es genau wissen (unten) und die Damen müssen die Röcke heben. Denn Düsseldorf wählt seine *Beinkönigin*. Und das immerhin schon anno 1950.

Misswahlen ✳
✳ ✳ stehen hoch im Kurs

Besonders wenn die Frauen, wie im Jahr 1953, so viel Spaß daran haben. Der Spaß jedenfalls ist den Kandidatinnen der Wahl zur „Miss Pullover" in die Gesichter geschrieben (oben).

So ein Mann, so ein Mann, macht schon unwahrscheinlich an: Die Aussichten dieses Kandidaten (rechts), „Mister Berlin 1951" zu werden, dürften sich allerdings in Grenzen halten. Die weibliche Jury jedenfalls scheint dem Auftritt recht gemischte Gefühle entgegenzubringen.

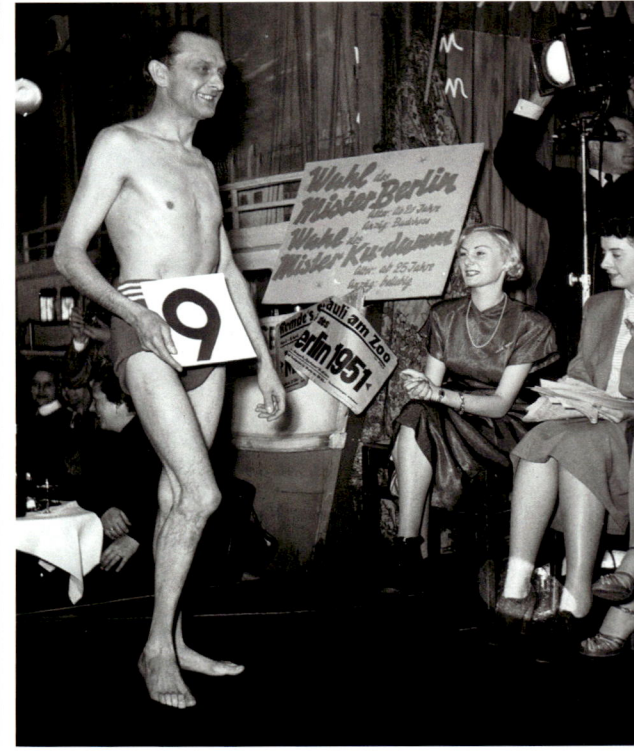

Wie die *Alten* sungen, so zwitschern auch die *Jungen*

Die Haltung perfekt, Ausstrahlung, Grazie und das *Lächeln erstklassig*. Das geneigte Publikum ist jedenfalls begeistert von seiner Mauerschönheit.

Als „Schwarzen Samt" preist der VEB Rosodont seine neue Duftschöpfung an, sicherlich ein Muss für jede Miss.

SCHWARZER *Samt*

EINE DUFTSCHÖPFUNG VON BESONDERER EIGENART

VEB ROSODONT-WERK · WALDHEIM

107

Erfreulich und erfolgreich

Ein Wunder ist wahr geworden: Die deutsche National-
mannschaft hat die übermächtigen Ungarn im Berner
Endspiel 1954 nach einem 0:2-Rückstand noch mit 3:2
geschlagen und ist überraschend Weltmeister geworden.
Die Fußballhelden von links nach rechts: Fritz Walter, Toni
Turek, Horst Eckel, der zweifache Torschütze Helmut Rahn,
Otmar Walter, Werner Liebrich, Jupp Posipal, Hans Schä-
fer, Werner Kohlmeyer, Karl Mai, Max Morlock.

Wir dürfen wieder mitspielen.

Was braucht das Volk? *Brot und Spiele.* Für das Brot ist gesorgt, da wird es Zeit, dass Deutschland auch sportlich wieder in den Bund der Völker der Erde aufgenommen wird. Doch es sind zwei deutsche Staaten, die sich dem internationalen Vergleich stellen. Der eine präsentiert sich völlig überraschend 1954 als Fußballweltmeister, der andere setzt auf die Ausbildung seiner Athleten und greift mit Erfolg in den Kampf um olympische *Medaillen* ein. Doch nicht nur der „große" Sport entwickelt sich, auch die Jugend braucht ihre Spiele, amüsiert sich in Seifenkisten und bei Kellnerrennen.

Triumphzug
... des Sports

Im Mercedes-Silberpfeil eilt der Argentinier Juan Manuel Fangio von Sieg zu Sieg, hier beim *Großen Preis von Argentinien* 1955 (unten).

Triumphzug im offenen Mercedes: Nicht nur Mannschaftskapitän Fritz Walter wird mit Ehrungen überhäuft, auch Trainer *Sepp Herberger* ist in aller Munde. Nachdem die Deutschen vier Jahre vorher noch nicht an der Weltmeisterschaft in Rio de Janeiro teilnehmen durften, schaffen sie gleich beim ersten WM-Auftritt nach dem Krieg das Unmögliche.

Olympische Winterspiele 1956

In Cortina d'Ampezzo finden die Olympischen Winterspiele 1956 statt. Die deutsche Mannschaft geht in Italien erstmals als gesamtdeutsches Team an den Start (linke Seite). *Unumstrittener Star* der Spiele ist der 20-jährige Toni Sailer (linke Seite, oben), der sich in Abfahrt, Slalom und Riesenslalom jeweils die Goldmedaille sichert. Vor allem den weiblichen Fans hat es der junge Österreicher angetan. Die Sonthofenerin Ossi Reichert (oben, am Start) gewinnt im Riesenslalom die einzige Goldmedaille für die deutsche Mannschaft. Der ostdeutsche Skispringer Harry Glass erreicht Bronze.

Bei den Olympischen Sommerspielen 1956 in *Melbourne* marschiert eine gesamtdeutsche Mannschaft unter schwarz-rot-goldener Fahne mit olympischen Ringen ins Stadion. 132 Frauen und 686 Männer aus 32 Ländern nehmen an 24 Wettbewerben in sechs Sportarten teil, darunter auch hier erstmals eine gesamtdeutsche Mannschaft. Der deutsche Läufer Herbert Schade (rechts) trainiert gemeinsam mit dem englischen As Gordon Pirie.

Hans Günter Winkler, der durch einen Leistenbruch schwer gehandicapt war, ritt auf der legendären Stute „Halla" zum Gold im *Jagdspringen* und gewann zusammen mit Fritz Thiedemann und August Lütke-Westhues, der noch zweimal Silber in der Military holte (unten), den Preis der Nationen – und zwar in Stockholm.

Siege und Medaillen

Denn wegen der strengen Quarantänebestimmungen für Pferde in Australien fanden die Reiterspiele in Stockholm statt. Sie brachten große Erfolge für das bundesdeutsche Team. Alle deutschen Reiterinnen und Reiter in Stockholm gewannen mindestens eine *Medaille*. Auch die deutschen Dressur-Amazonen wurden mit Silber belohnt (oben).

Siegertypen sind gefragt ...

... nicht nur im Profisport.

Der Sieger im *Seifenkistenrennen* (linke Seite) strahlt über das ganze Gesicht, während sich die Geschlagenen nicht ganz so locker geben. Doch auch andere Freizeitsportler ringen um Sieg und Ehren. Das Internationale Kellner-Derby auf dem Berliner Ku'damm wird 1954 von niemand Geringerem als dem bekannten Schauspieler und Sänger Hans Albers gestartet (links). Da lässt sich auch der Nachwuchs nicht lumpen: Die Pagen des Kempinski machen es ihren Gegnern so schwer wie möglich – und dienen gleichzeitig dem KaDeWe als *Werbeträger* (unten).

Propaganda war einmal.

Jetzt herrschen Werbefeldzüge!

Alles neu macht die Nachkriegszeit. Neue Produkte überschwemmen den Markt und alle sollen verkauft werden. Goldgräberstimmung in der Werbewirtschaft. All die schönen, neuen Dinge wollen schließlich an den Mann – und die Frau – gebracht werden. *Reklame* beherrscht die Straßen. Werbeplakate und *Litfaßsäulen* an allen möglichen und unmöglichen Stellen schildern die Neuheiten in *schillernden Farben*. Die Art und Weise, mit der Werbebotschaften vermittelt werden, kennt keine Grenzen. Vom Sandwich-Menschen bis zur wandelnden Werbetonne ist alles erlaubt. Und auch die Seiten der Zeitungen und Zeitschriften füllen sich mit Anzeigen.

Alle sollen *besser leben!*

Auf großen Plakaten wird dies dem Bundesbürger eingetrichtert (linke Seite, unten). Geschickt wird die neue Welle von *Rationalisierung* im Westen verkauft.

Besser leben? Gerne. Doch der Wohlstand hat seinen Preis. Um all die vielen neuen Produkte an den Käufer zu bringen, blüht auch die Werbung auf. Auf den Wühltischen der großen Warenhäuser werden die Artikel „schrankenlos billig" angepriesen (oben).

Die *richtige Auslage* in den Schaufenstern zieht die Blicke magisch an. Und wenn dann auch noch der Preis stimmt, braucht es nicht mehr viel Überwindung, die Schwelle zu übertreten (linke Seite, oben).

Nicht nur Plakate und Anzeigen zeugen von der neuen Freiheit der Bürger. Der *Konsum* soll laufen, also werden auch der Werbung Beine gemacht.

Essigflaschen und Scheuerpulverdosen bewegen sich wie von selbst durch die Innenstädte und erregen die gewünschte *Aufmerksamkeit* – harte Jobs jedoch für Menschen, die keine andere Arbeit finden können (links).

Die Kombination eines Menschen- und eines Drachenpärchens sollte die Käufer in den HO-Laden auf der Stalinallee locken – ob dies auch gelungen ist (rechts)?

Die hölzernen Vorgänger unserer *Schaufensterpuppen* präsentieren die neue Herbstmode, zugegeben ein wenig steif (oben). Nicht nur die männlichen Models lassen an Geschmeidigkeit zu wünschen übrig – auch so manchem zu Werbezwecken gereimtem Spruch mangelt es daran (rechts).

WILLST DU BEIM SCHNELLEN LAUF NICHT SCHWITZEN TRAG „TROPICAL" – ES WIRD DIR NUTZEN!

TROPICAL, das neue Gewebe aus Kammgarn-Wolle und Zellwolle, verblüffend leicht und knitterarm

TROPICAL verarbeitet zu einem praktischen und zweckmäßigen Anzug in modischen Farben

TROPICAL-Anzug ohne Camping-Charakter ist äußerst preiswert und wiegt nur 1½ kg

VEB **herrenmode** DRESDEN

* Die Kraft der *Plakate*

Zum 1. Mai 1955 wird die 40-Stunden-Woche zum Thema gemacht. Der Deutsche *Gewerkschaftsbund* wirbt für sein Anliegen in den Farben Schwarz, Rot und Gold – sicher kein Zufall. Der Osten kontert im selben Jahr mit einer *Komödie*, die den bezeichnenden Namen „Sozialaristokraten" trägt (rechte Seite, oben links).

Die Programmzeitschrift „Hör Zu" setzt bereits 1954 auf ihren beliebten Sympathieträger Mecki (rechts) und wünscht allseits frohe *Pfingsten*.

Im Osten ist man da pragmatischer und fordert das verehrte Publikum auf, bereits im Frühjahr an den *Wanderurlaub* zu denken – und die richtige Creme einzupacken (unten).

Geworben wird mit **allen Mitteln** für alle Mittel.

Berlin ruft die Welt zum Besuch auf und gefällt sich als Stadt der Freiheitsglocke. Wenn die viel besungene Berliner Luft (oben rechts) auch noch einem *Haar-wässerchen* den Namen geben muss, ist das nicht weiter verwunderlich.

Dass im Arbeiter- und Bauernstaat die *Kurorte* den Werktätigen gehören sollen, propagiert der Freie Deutsche Gewerkschaftsbund 1954 in frischen Farben (rechte Seite). Dass jedoch das Feriengebiet Müggel-see bereits 1955 auf Wasserski setzt, ist eine gelunge-ne Überraschung (unten rechts).

© designcat GmbH 2017

Genehmigte Lizenzausgabe
EDITION XXL GmbH
Industriestraße 19
64407 Fränkisch-Crumbach 2017
www.edition-xxl.de

ISBN 978-3-89736-352-6

Layout, Satz und Umschlaggestaltung:
design cat GmbH

Bildnachweis:
Ullstein Bild, Berlin: Cover, S. 70
Originalaufnahmen: DHM (Deutsches Historisches Museum), Berlin
Shutterstock: Callahan 24, 25, 42, 72, 75, 97, 98 / Carsten Reisinger 55 / Elzbieta Sekowska 2 / Gordan 1-128/ IgorGolovniov 2, 10, 14, 17, 20, 22, 23, 25, 34, 34 / Lillie-Graphie 84 / Medvedka 32 / Pablo del Rio 5 / Pim 8 / rangizzzz 2, 5, 8, 50, 105, 122 / Nella 2, 9, 11, 12, 13, 14, 15, 16, 19, 19, 22, 23, 24, 25, 26, 27, 29, 29, 30, 31, 31, 32, 33, 33, 34, 35, 41, 43, 44, 47, 47, 51, 55, 56, 57, 58, 58, 59, 61, 62, 63, 65, 67, 67, 71, 71, 72, 73, 73, 76, 77, 77, 79, 79, 88, 89, 89, 95, 98, 98, 103, 105, 106, 110, 111, 112, 112, 113, 114, 117, 117, 120, 128 / Terence Mendoza 2 /